AF340190

Benoit (René)

rades et titres de

Montpellier 1577

GRADES ET TITRES SCIENTIFIQUES

du Dr René BENOÎT.

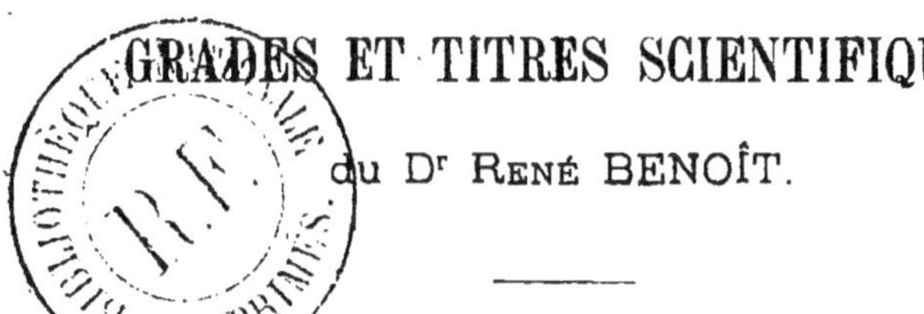

Premier élève de l'École pratique d'anatomie et d'opérations chirurgicales de la Faculté de médecine de Montpellier (Concours 1863).

Élève de l'École pratique de chimie (Concours 1864).

Lauréat de la Faculté de médecine de Montpellier. Anatomie et Physiologie. Médaille d'argent (Concours 1864).

Aide d'Anatomie de la même Faculté (Concours 1865).
    (Un prix spécial, fondé par M. A. Donné, Recteur de l'Académie de Montpellier, fut attaché à la nomination.)

Élève de l'École des Hautes-Études, au Laboratoire des recherches physiques de la Sorbonne, dirigé par M. le Professeur Jamin. Travaux théoriques et pratiques, de 1867 à 1873.

Licencié ès sciences physiques (Faculté des sciences de Paris, 1868).

Docteur en médecine (Faculté de médecine de Montpellier, 1869 (Thèse couronnée).

Docteur ès sciences physiques (Faculté des sciences de Paris, 1873).

Membre de la Société des Ingénieurs civils et de la Société française de physique.

TRAVAUX ET PUBLICATIONS

DU

Dr René BENOÎT.

Études spectroscopiques sur le sang. (*Thèse pour le doctorat en médecine*, 1869, in-8° avec 4 planches.)

L'étude de la lumière qui a traversé des milieux colorés peut servir de base à une méthode d'analyse qualitative, dite spectroscopique. Après avoir exposé les principes généraux de cette méthode, l'auteur en fait l'application au sang, liquide coloré, pour lequel elle offre un intérêt particulier au physiologiste et au médecin. Exposant avec détails les résultats obtenus, soit par d'autres expérimentateurs, soit par lui-même, il passe successivement en revue les spectres d'absorption caractéristiques du sang normal, artériel et veineux, puis du sang traité par divers réactifs. Ces spectres, au nombre de huit, présentent des caractères bien tranchés et parfaitement reconnaissables, correspondant aux modifications diverses de la matière colorante des Hématies (hémoglobine ou cruorine, hématosine, hémine, etc.).

L'auteur signale ensuite les principales applications que l'étude spectroscopique du sang peut recevoir en physiologie, en pathologie et surtout en médecine légale.

Ce travail a été couronné par la Faculté de médecine de Montpellier. Prix Fontaine, 1870.

Influence de la température sur la conductibilité des métaux. (*Comptes rendus de l'Association française pour l'avancement des sciences*. Bordeaux, 1872, page 273.)

Études expérimentales sur la résistance électrique des métaux, et sa variation sous l'influence de la température. (*Thèse pour le doctorat ès sciences physiques*. Paris, 1873, in-4° avec 3 planches.)

Ce travail est le résumé de longues et minutieuses expériences, dont quelques résultats font l'objet de la Note qui précède, et d'une autre Note communiquée à l'Académie des Sciences. (*Comptes rendus de l'Académie des Sciences*, 10 févr. 1873.)

L'auteur s'est proposé de poursuivre l'étude de la variation de la résistance électrique, dans les métaux, jusqu'à des températures très-élevées, obtenues par la volatilisation de substances convenablement choisies dans un appareil à moufle (eau 100°, mercure 360°, soufre 440°, cadmium 860°). La variation suit une marche régulière, ne présente pas de points singuliers en approchant de la température de fusion, et peut se représenter par une formule à deux coefficients, analogue à celle des dilatations. Ces coefficients ont été calculés, pour une vingtaine de métaux ou d'alliages, par la méthode des moindres carrés, qui fait concourir toutes les observations à la recherche des valeurs les plus probables des inconnues.

A cette étude est ajoutée une nouvelle mesure des résistances spécifiques des métaux à zéro.

On peut faire une application importante de ces déterminations numériques dans la construction d'un thermomètre ou pyromètre à résistance électrique, exacte et sensible.

L'expression des émotions chez l'Homme et les Animaux; par Charles Darwin. Traduit de l'anglais, en collaboration avec le Dʳ S. Pozzi. Paris, 1874 (1 vol. in-8° de 400 pages).

La deuxième édition de cette traduction est actuellement sous presse.

Détermination de la distance polaire dans les aimants. (*Comptes rendus de l'Académie des Sciences*, séance du 8 janvier 1877, et *Journal de Physique* de M. d'Almeida, 1877.)

Un barreau aimanté mobile étant soumis à l'action de la terre et d'un autre barreau fixe, on peut, dans certaines conditions déterminées, déduire de la formule qui exprime la condition d'équilibre, une relation assez simple entre les longueurs polaires des deux barreaux, la distance qui les sépare et l'angle que fait le barreau mobile avec le méridien. De là une nouvelle méthode pour déterminer la situation précise des pôles dans les aimants, méthode qui, soumise à la sanction de l'expérience, a donné des résultats très-concordants.

Sur l'électromètre à quadrants, de Thomson. (*Bulletin de la Société française de physique*, séance du 16 février 1877.)

L'auteur montre que dans des conditions de construction convenables, l'électromètre peut satisfaire très-exactement à la formule $M = \underline{K} \, V \, (V_1 - V_2)$, à laquelle conduit la théorie pour le cas où V_1 et V_2 sont égaux et de signes contraires, jusqu'à des limites de déviation très-supérieures à celles entre lesquelles il est habituellement employé, ce qui en fait un instrument à graduation rationnelle et simple. Parmi ces conditions indiquées, l'une des plus importantes est la disposition de l'aiguille, qui doit présenter un contour exactement circulaire, et sous-tendre un angle de 90°, pour satisfaire aussi complétement que possible aux exigences de la théorie.

Le Dr **R. Benoît** a, en outre, collaboré activement à la *Revue scientifique* dirigée par MM. E. Joung et E. Alglave, et analysé ou traduit, pour cette *Revue,* un grand nombre de travaux scientifiques étrangers (voir surtout années 1868 à 1871).

EN PRÉPARATION ET POUR PARAITRE PROCHAINEMENT.

Traité théorique et pratique de mesure électrique.

Cet ouvrage, dont la plus grande partie a déjà sa forme définitive et est prête à être livrée à l'impression, n'est pas destiné à faire double emploi avec l'un des nombreux *Traités d'Électricité* actuellement existants. L'auteur, considérant les quantités électriques exclusivement au point de vue de leur mesure, c'est-à-dire de leur comparaison avec leurs unités respectives, s'efforce de mettre en relief le lien logique et rigoureux qui unit les méthodes de mesure de ces diverses quantités, intensités de courants, forces électromotrices, potentiels, résistances des circuits, etc. La question des *unités électriques* est traitée avec détails, et le système coordonné et méthodique, imaginé d'abord par Weber, puis adopté avec certaines modifications par les électriciens anglais les plus éminents, système encore assez peu connu et peu appliqué en France, est exposé dans son ensemble. La théorie complète des appareils galvanométriques et électrométriques, avec leurs plus récents perfectionnements, tient naturellement une grande place. — Ayant eu, depuis quelques années, l'occasion de s'occuper spécialement et pratiquement de mesure électrique, l'auteur a reconnu qu'il existait sur ce point une lacune, qu'il lui a paru utile de combler.

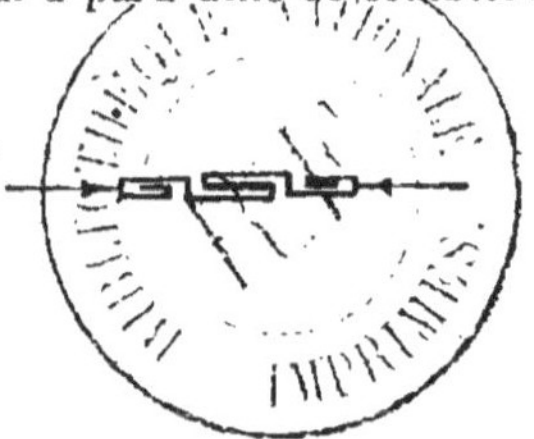

Montpellier. — Typogr. BOEHM et FILS.